黄石国家公园
中文版

摄影：克里斯托弗·考博

PHOTOGRAPHS BY CHRISTOPHER CAUBLE

RIVERBEND
PUBLISHING

Yellowstone National Park: A Chinese Edition

黄石国家公园： 中文版

Photographs by Christopher Cauble, www.caublephotography.com

摄影： 克里斯托弗.考博

Copyright © 2016 by Riverbend Publishing

河湾出版社2016年版权所有

Published by Riverbend Publishing, Helena, Montana

蒙大拿州海伦娜市河湾出版社出版

ISBN 13: 978-1-60639-093-1

Printed in the United States of America.

在美国印刷

   2 3 4 5 6 7 8 9 0 VP 22 21 20 19 18

The text was translated into Chinese by Hua Li

文字翻译： 李桦

Cover and text design by Sarah Cauble, www.sarahcauble.com

封面封底以及文字设计： 萨拉.考博， www.sarahcauble.com

Riverbend Publishing

美国蒙大拿州海伦娜市

P.O. Box 5833

Helena, MT 59604

1-866-787-2363

www.riverbendpublishing.com

Front cover photo: The Lower Falls of the Yellowstone River

封面照片：黄石河的下瀑布

内容

美利坚合众国

蒙大拿州

黄石国家公园

爱达荷州

怀俄明州

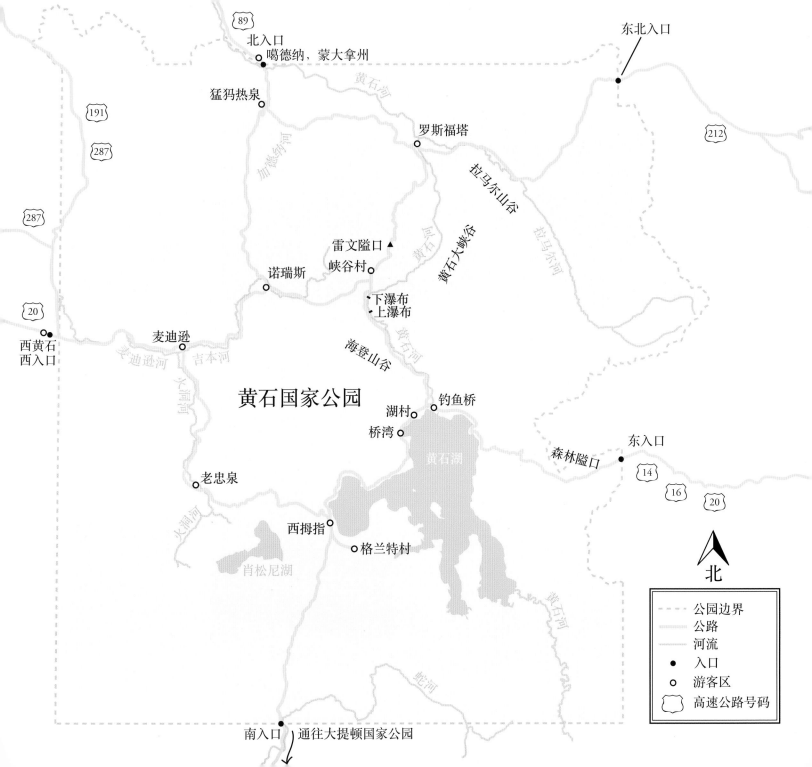

89

北入口

噶德纳，蒙大拿州

猛犸热泉

黄石河

191

287

罗斯福塔

东北入口

212

加德纳河

拉马尔山谷

287

拉马尔河

雷文隘口 ▲

黄石大峡谷

峡谷村

20

诺瑞斯

西黄石
西入口

下瀑布

上瀑布

黄石河

麦迪逊

海登山谷

麦迪逊河

吉本河

钓鱼桥

火洞河

黄石国家公园

湖村

桥湾

黄石湖

森林隘口

东入口

14

老忠泉

火洞河

16

20

西拇指

肖松尼湖

格兰特村

黄石河

北

蛇河

南入口 通往大提顿国家公园

公园边界
公路
河流
入口
游客区
高速公路号码

老忠泉是世界上最著名的间歇喷泉。它每天喷发17次。喷发高度在32到56米之间，平均高度为40米。喷发通常持续1.5到5分钟。

黄石是美国唯一的从史前起就一直有野牛生活的地区。

黄石简介及历史

黄石国家公园是世界上第一个国家公园。它以野生动物，风景和地热特征闻名于世，尤其是老忠泉。经美国国会和总统批准，黄石于1872年3月1日被设为国家公园。

公园跨越怀俄明州，蒙大拿州和爱达荷州，面积达8,983平方公里。它拥有湖泊，峡谷，河流和山脉。黄石湖是北美最大的高海拔湖泊，坐落在黄石火山口的中心。黄石火山是大陆上最大的超级火山。公园是大黄石生态系统的中心，也是地球北温带保存最完好的生态系统。

公园是几百种哺乳动物，鸟类，鱼类和爬行类动物的家园，包括几种濒临灭绝的动物。巨大的森林和草场有着独特的植物物种。黄石是美洲大陆最大和最著名的野生动物栖息地。棕熊，狼，成群的野牛，和麋鹿都生活在公园里。

人类已经在黄石地区出没了11,000多年。尽管"食羊者"是生活在公园的最著名的美洲印第安部落，许多其他的部落也曾经居住或穿行过如今的黄石地区。欧美皮货商于十九世纪初开始探索这个地区。第一个科学探险队于1870年探索黄石。两年后，这里被设立为国家公园。

第一批游客曾经乘坐马拉驿车到达这里，后来才乘坐汽车。现在每年有四百多万人参观黄石公园，主要集中在五月到十月。公园有远足步道，露营地，旅馆，饭馆，和商店供游客使用。但公园的大部分地区仍保持着野生的未开发状态。在这里，野生动物可以不受人类干扰地生活。

几个因素综合形成了猛犸热泉台地：地热，水，石灰石，和岩石断裂系统。正是通过岩石断裂系统地热水可以到达地表。

罗斯福拱门是公园在蒙大拿嘎德纳北入口的标志。拱门以罗斯福总统的名字命名。他于1903年在拱门的奠基礼上讲话。拱门的顶端刻着："为了大众的福利与享受"。

黄石大峡谷是公园的主要地貌之一。它是由黄石河冲蚀岩石而形成的。峡谷深达240到365米，宽达450到1,200米。

以附近的间歇喷泉命名，老忠泉旅馆的主楼建于1904年。建筑的基座由火山岩建成，而墙壁则由黑松木建成。旅馆有三百多间客房。

大间歇泉是世界上最高的可预测喷发的间歇泉。它喷发的强有力的水柱高达45到61米。喷发可持续9到12分钟。

在公园的许多地热区，木板步道为游客们提供了安全的穿行路径。

地质与地理

黄石国家公园的地貌特征是由各种地质过程形成的。地球上最活跃的火山，热液，以及地震系统使这个国家公园成为无价之宝。事实上，黄石之所以被设立为国家公园主要是因为它的非凡的间歇喷泉，热泉，泥潭，蒸汽口，以及其它如大峡谷这样的奇景。

黄石拥有超过10,000处热液地貌，包括300多个间歇泉。它拥有世界上最集中的活跃的间歇泉群，占了世界上间歇泉总数的一半。而且，它们是世界上仅存的最完好的热液地貌。公园里有好几个热液区。

公园之所以拥有间歇泉和热泉是由于黄石是一个远古火山。火山产生的巨大热量和岩浆仍旧存在于公园地下较浅处。火山最后一次大规模喷发大约在640,000年以前。最后一次熔岩流是在大约70,000年以前。火山喷发带来的熔岩流和岩石覆盖了黄石的大部分陆地。

自从上次的大规模喷发，其它自然过程，例如冰川，溶蚀，地震和火灾逐渐塑造了黄石的地貌，植物和动物占领了公园的陆地和水域。

公园的大部分位于海拔2,286米以上。一年的大部分时间地面都被白雪覆盖。森林里的树木以黑松为主，点缀着高寒草甸。在低海拔处，山艾树和野草为野生动物提供了冬季牧草。

大棱镜温泉是公园里最大的热泉。它的直径大约是112.8米、深度超过37米。

热液盆地中的很多明亮的颜色都来自于嗜热菌。这些微生物生活在高温中。数量巨大的微生物形成了大片色彩。

矿床经常赋予热泉鲜艳的图案。这张照片显示的是西拇指间歇泉盆地的黑潭的边缘。

泥潭是非常有趣的地热特征。地表水，地下蒸汽，气体，和微生物，形成了粘稠的混合物，里面的气体汩汩地冒着泡。因为里面常含有氢化硫，泥潭闻起来就象臭鸡蛋。

白顶喷泉是锥形间歇泉。锥形是由间歇泉喷发时在喷泉口的二氧化硅沉积形成的。

在饼干盆地热液区的蓝宝石池因为它的美丽蓝色而得名。

老忠间歇泉正在夜间喷发，远处是老忠泉旅馆，而银河系正横挂在天际。

陶瓷盆地因它的乳白色而得名，乳白色来自于下面的矿藏。地下蒸汽和沸水产生的持续的压力使这些池塘频繁地改变着形状。

蜂巢喷泉是一个锥形间歇泉。这些间歇泉通常在靠近地表处有一个窄口。喷发时，窄口就象一个喷嘴，喷出稳定，细小的水流。

火洞河与热泉和间歇泉交界，热水注入较冷的河水中，使之富含养分。这条河以盛产鳟鱼和垂钓著称。

钓鱼锥喷泉位于黄石湖的岸边。在公园的早期历史中，参观者被告知可以站在这个喷泉边，在寒冷的湖中钓鱼，然后把鱼在热泉中煮熟。现在这种行为已经被禁止了。

24

西拇指间歇泉盆地是黄石湖边最大的间歇泉盆地。一条木板步道带领游客穿过这个地区。

吉本瀑布落差达26米，坐落在黄石火山口边 。 这个火山口是由640,000年前的大规模火山喷发形成的。

黄石湖高于海平面2,357米，湖水面积达342平方公里，是北美最大的高海拔湖泊。湖泊大约长32公里，宽22公里。有半年的时间，湖水都结冰。

哨兵溪蜿蜒地流过葱翠的高海拔草场。公园里的湿地对野生动物非常重要。

远足到沃什伯恩山顶是一项比较流行的当日往返的短途旅行项目。站在高度为3,107米的山峰上可以看到方圆32到80公里的景色。这座山是火山活动遗留的产物。

海登山谷是观看野生动物的几个最佳大山谷之一。在这里可以看到棕熊，野牛，麋鹿和鸟类。

伊莱克特里克峰高达3,343米，俯瞰天鹅湖。

黄石公园的北部比公园的其它地区地势略低。这个地区被称作"北区"，因为这里是麋鹿，鹿和野牛的冬季栖息地。

黄石每年都有森林大火，主要是由闪电引起的。照片中矗立的树木死于1988年的那场大火。大火是黄石生态系统的一个重要组成部分。

棕熊是公园最普通的动物种类之一。这头棕熊正用爪子挠着一个指示牌，上面写着："请勿跨越此地点"。

骡鹿在黄石很常见。这是一头正在长第一只鹿角的幼骡鹿。

植物与动物

黄石丰富多样的野生动物和它的间歇泉一样著名。这里有67种哺乳动物，包括7种原生的有蹄类动物和2种熊，近300种鸟类，16种鱼，5种两栖动物，和5种爬行动物。

黄石是它下面的48个州中的最大的哺乳动物集中地。除了许多小型动物外，黄石也以各种捕食猎物的大型哺乳动物著称，包括八种有蹄类动物（大角羊，野牛，麋鹿，驼鹿，山羊，骡鹿，叉角羚和白尾鹿），以及七种大型肉食动物（黑熊，加拿大猞猁，郊狼，棕熊，美洲狮，狼獾和狼）。

公园的植被包括洛基山脉，东部大平原，西部山区的各种典型植物。山峰上有大约1,300种原生植物，有的是长期生长在这个地区，有的是在冰川，熔岩流，火灾和山体滑坡等地质过程以后覆盖了这个地区。

森林覆盖了公园80％的地区，黑松几乎占据了大部分森林。道格拉斯冷杉森林出现在低海拔地区。颤杨是常见的落叶树。公园里还有几百种野花。

和世界上的其它地方一样，黄石的气候是变化的。公园的科学家已经发现了平均温度在变高，地上被积雪覆盖的日子在变少。气候变化可能会影响公园里植物和动物的组成。

一头大公野牛正在淌过黄石里的一条小溪。野牛是北美州最大的陆地哺乳动物。公野牛被称为"公牛"，体重可达900公斤。母野牛被称为"母牛，"体重可达450公斤。相对它们的大体型来说，野牛是非常灵活和敏捷的，能以超过每小时48公里的速度奔跑。

公野牛和母野牛都有角。公牛比母牛体型大得多。这是一头公野牛。

母野牛在四月末或五月生出一头小牛。初生的小牛是红棕色的，但是不久就变成了成年野牛的颜色。

在十九世纪，野牛几乎绝种，只有一小群野牛在黄石存活了下来。今天，公园里野牛的数量达到3,000到5,000头。

一头黑熊幼仔正坐在野花丛中。在冬眠期间黑熊在洞里产下一到三头幼熊。

黄石有两种熊：棕熊和黑熊。棕熊比黑熊的体型大得多，也更具有攻击性。大型公棕熊体重达到300公斤。黄石公园平均每年有一起熊攻击人的事件，通常是棕熊。

在黄石，一半的黑熊是黑色的，其它的是棕色的，亚麻色的，和黄棕色的。公熊体重在95公斤和142公斤之间，母熊体重在60公斤和90公斤之间。它们以啮齿动物，昆虫，幼麋鹿，割喉鳟鱼，松籽，草和其它植物为食。

麋鹿是黄石公园数量最多的大型哺乳动物。在夏季，公园里有大约10,000到20,000头麋鹿，象照片中一样，它们分成小群。麋鹿是狼，熊，美洲狮，和很多食腐肉动物比如秃鹰和郊狼的重要食物。

在公园里很多地方都可以看到麋鹿。这头公麋鹿正经过猛犸的美国邮政局前，这里是黄石国家公园服务总部。

每年公麋鹿长出鹿角，以迎接秋季的交配季节。正在生长的鹿角覆盖着厚厚的毛茸茸的皮肤，被称为"鹿茸"。通常在八月初，鹿角停止生长，公鹿蹭掉茸皮，抛光和磨尖坚硬的鹿角。

在秋季交配季节，公麋鹿处于巅峰状态。一头大公麋鹿体重达315公斤，站立时肩部高达1.5米。它的鹿角长达140到150厘米，不到1.8米宽，每对鹿角重达13.5公斤。

灰狼曾经因为狩猎和陷阱在黄石公园消失了，又在1995年和1996年被从新引入黄石公园。今天有大约500头狼生活在公园内，它们分成好几群。黄石公园成为了世界上观察狼群和聆听它们嗥叫的最佳地点。

驼鹿是黄石公园鹿家族中体形最大的成员。它们站立时比人高。公母驼鹿都有着长腿，使它们能跋涉在河流和湖水中，踏过厚厚的积雪，游泳，和快速奔跑。

经常被误认为狼，郊狼的形体只有狼的三分之一大。郊狼又以"唱歌的狗"闻名，因为它们发出长短不一的声音与同伴交流，比如悠长的嚎叫和短促的吠叫。郊狼主要以野鼠，老鼠，兔子，其它小动物，以及腐肉为食。

黄石的狗类家族中体形最小的成员就是红狐。它们捕食野鼠，老鼠，兔子，鸟，和其它小动物。

大角羊以小群的形式生活在黄石公园北部。公羊和母羊都有角，尽管公羊的角要大和重得多。这是一头公羊。

大角羊利用陡峭的悬崖来躲避肉食动物，比如狼和美洲狮。它们是非常好的攀爬者。

叉角羚是北美所独有的动物。它们可以每小时70到80公里的速度奔跑，这是为了在速度上战胜奔跑极快的史前非洲猎豹的进化适应。这种猎豹现在已经绝种了。这样的速度，加上它敏锐的视觉，对任何肉食动物来说，成年叉角羚都是非常难捕捉的猎物。

叉角羚通常是一小群生活在一起，可能是为了保护自己免于被食肉动物捕食。当一只叉角羚发现了危险，它臀部的白毛会立起来，向同伴们发出警示信号，示意它们逃走。

大部分夏季到黄石公园的游客可以看到金花鼠。游客们常常可以看到这些小啮齿目动物冲着穿过公路和小路，它们跑动时尾巴直立着。

尤因塔地鼠数量众多，并且被很多肉食动物捕食，包括鹰和郊狼。它们的地洞常常被觅食的熊挖开。

红松鼠生活在树上。它们常常用响亮的喋喋不休的叫声吵扰着附近的登山者或其它动物。

沙丘鹤站立时大概有1.2米高，它的翅膀可以展开至2米长。每年夏天它们在黄石公园筑巢，但是冬天时迁徙到南方。

1782年，秃鹰被美国国会定为国家的象征标识。一些成年秃鹰整年都待在公园里，而有些则飞到其它地方，在初春时再返回黄石公园的筑巢地。

乌鸦是聪明的鸟。有些乌鸦学会了追随狼群，这样它们可以吃到被狼杀死的动物的腐肉。在人类的附近，有些乌鸦学会了打开包装获取食物。

喜鹊有着醒目的黑白色羽毛和长长的尾巴。象乌鸦一样，它们几乎吃所有的东西，从肉类到种子。

黄石曾因繁茂和多样的野花被称为野花花园。这种野花被称为流星花。

香根箭叶草得名的原因是它的叶子形状象一个大箭头，而它的味道象香脂冷杉。它的明黄色的花朵覆盖着大片的山坡。

野莴苣，或者火草，是在森林大火后最先长出来的杂草。随着夏天的深入，花朵从花茎的底部盛开到顶部，正如这张照片所示。

印第安画笔花，又称火焰草，名字来自于美国印第安的传说。印第安大灵送给一个小男孩很多色彩斑斓的画笔。男孩用画笔的时候，把这些画笔留在了他的身后，就变成了这种花。

颤杨是落叶树。起风时，杨树叶的扁平茎脉令树叶颤动和摇摆。这种杨树因此得名。

洛基山脉的美国土著使用黑松的树干搭建帐篷，或者小屋。因为这种树长着又直又高的树干，这种树又被直译为"屋梁"松。

通过国家公园服务和管理人员以及黄石公园协会的专家们，到黄石公园的游客可以了解到公园的很多游览项目。这些项目包括短途步行，远足，看电影，参观博物馆和传统的篝火夜谈，话题涉及公园的方方面面。

在一九三零年代，这些长长的黄色的巴士是游客们在公园里参观游览的唯一交通工具。当新型汽车和公共汽车出现以后，这种特别的巴士就退役了。如今它们被翻新，并载着游客在公园内游览。